CAUSERIE VILLAGEOISE

SUR

DAME PRÉSIDENCE ET SON PRÉTENDU

CAUSERIE

VILLAGEOISE

SUR

DAME PRÉSIDENCE ET SON PRÉTENDU

Par Maître Jacques.

Pour moi, je n'aime pas que l'on se moque ainsi des gens.

(Timon. Petit Pamphlet sur le projet de Constitution.)

J'appelle un chat un chat, et Rollet un fripon.

(Boileau. Satyres.)

AUTUN

IMPRIMERIE DE COCARDON ET NAISSANT, ÉDITEURS

PLACE DU CHAMP-DE-MARS, 5 BIS

1848

Bonsoir ! Jacques, Pierre, Lazare, Simon, et les autres ; laboureurs, faucheurs, vignerons, mes amis, que j'ai trouvés tout le long de l'an, par les prés, par les champs, par les bois, par les vignes. — Mais, ne vous dérangez, je viens sans façon, et vais de ce pas à certaine escabelle que j'avise sous le manteau de la cheminée, aux côtés de l'aïeul ; j'aurai la main sur la ramée et ne vous ferai faute de flamme ni de braise. Toi, petit pâtre, va-t-en tirer, en deux pots, de ce cidre doux et rosé que si fort je prisai au repas de la dernière gerbe, et teillez votre chanvre, vous autres.

Eh bien! mes amis, voici venus les longs soirs, les veillées et les causeries : que disait-on quand j'entrai? Les foires se font meilleures, les pētits blés viennent que c'est un charme, et, s'il plaît à Dieu, on ne dira pas à la moisson prochaine que bon an fait mal an qui le suit. Mais que disait-on encore? Quelle nouvelle apprîtes-vous au dernier marché du bourg, et que contaient les papiers publics? j'en voudrais causer avec vous, et quasi suis-je venu à cette intention : c'est demain dimanche, pensai-je, ils n'auront besoin de se lever au chant du coq pour aller battre en grange; ce soir donc, un bon feu aidant et deux pots du cidre écumant de maître Pierre, nous aurons le temps d'en découdre.

Il est décidé, le savez-vous? que notre jeune République, cédant à de vives instances, va prendre en légitime mariage un citoyen, à titre de Président. On prétend généralement qu'elle ne pouvait se conduire honnêtement à moins, et faire vie qui dûre : aucuns voulaient bien soutenir que la fière pucelle n'avait que faire d'un épouseur, et qu'elle s'en pouvait passer avec de bonnes lois, et des ministres travailleurs, honnêtes et capables ; mais on les a laissé dire, et rédigé au plus vite les bancs de mariage avec le nom du prétendu en blanc ; c'est nous qui l'y devons mettre, à ce qu'ils disent, comme aussi de signer au contrat.

Ce n'est petite affaire, au moins, que de trouver homme assez pur, assez sûr, d'un assez vaste génie pour honneur si lourd : un pari, qu'à votre sens, nos avocats de là-bas en bien cherchant longtemps et partout, n'en ont pas trouvé un demi-cent, peut-être, à mettre au concours... Erreur ; vous, moi et les autres y pouvons prétendre ; le premier Français venu qui montre un extrait dûment légalisé de son acte de naissance lui comptant trente printemps révolus ; mêmement que le vieux père *Timon* que vous connaissez tous, disait comme ça, l'autre jour, qu'on pouvait nommer *un grand, un petit, un jeune, un vieux, un beau, un laid, un gros, un court, Pierre, Jacques, Nicolas, Simon*, et qu'il serait bon tout de même.

Bon, me direz-vous ; mais, faites les noces, et passée la lune de miel, et les baise-mains, et les compliments et les visites, que s'en va faire notre homme? Ah! voilà : il lui faudra vivre avec la République sur le même pied, à peu près, que vit dit-on le bel Albert avec Madame Victoire d'Angleterre, à moins pourtant qu'il lui prenne fantaisie de porter les culottes, comme on dit ; mais ce seraient des brouilles et des tremblements, qu'on frémit rien qu'à l'idée. Supposons donc un homme bien sage et point trop ambitieux : voici, dans ce cas, le rôle qu'il doit apprendre.

Se poser carrément, à son aise, et pour quatre ans, dans la place de celui qui partît en Février, puis, au bout des quatre ans, détaller au plus vite devant un autre qui s'en viendra occuper les lieux à son tour ; et ainsi de suite, comme vous faites, vous autres, de vos bœufs de labour, mettant au joug aujourd'hui le rouge, demain le noir, pour les reposer. Point de couronne au front, bien entendu, mais à son choix chapeau, casquette ou simple bonnet à flot, liberté pleine à cet égard de par la constitution.

Appendre à son côté une belle et forte épée, l'épée de la France, mais pour la tirer du fourreau demander permission à l'Assemblée nationale, et, dehors la lame, la confier à un autre qui s'en ira batailler avec.

Renoncer à la petite vanité de fourrer sa portraiture partout, sur l'or, l'argent et les gros sous, et se contenter, ce qui vaut mieux, de l'imprimer dans le cœur des citoyens.

Toucher, bon an, mal an, et bon gré malgré, six cent mille francs, sur reçu de pareille somme. Ah ! Pierre, que ne se trouve-t-il, pense-tu, quelqu'un pour te mettre en lumière et te pousser là à ton tour, mon homme : mais ça peut venir, qui sait ?

Recevoir la révérence des *de*, des *don*, des *van* et des *mac* que l'étranger envoie en ambassade, et leur répondre mille choses agréables de notre part.

— Vous gaussez-vous de nous, maître Jacques?

— Dieu m'en garde, mes amis, attendez ; voici venir d'autres priviléges sérieux et bien grands : quelques-uns pour exemple.

Il a droit de faire grâce à ceux que la justice aura frappés ; droit sublime qui rapproche un homme de Dieu.

Il surveille et assure l'exécution des lois, en propose même; grande et belle prérogative, la plus grande et la plus belle. Que de bénédictions à recueillir dans l'accomplissement de ce simple devoir!

Il nomme à presque tous les emplois, de robe, d'église et d'épée, et à bien d'autres encore. En conscience, ce ne serait pas trop qu'un saint pour tenir cette partie des emplois et encore, encore... car il n'est saint d'un peu de renom qui n'ait à pourvoir une sienne clientèle, gémissante, priante, jeûnant à bonne intention, et quémandeuse à l'excès. Aussi bien, ferons-nous sagement, j'imagine, de ne chercher ce point, et les autres, que dans les bornes de l'humain et du possible.

Voyez-vous, maintenant, qu'il est plus important et plus malaisé qu'on le pense à première vue, d'ajuster à tant et si grosse besogne tête et main qui conviennent; ajoutez que la fête est mise à cinq semaines en ça, dimanche, dix décembre, jour de gel et de vent, au rapport du *double Liégeois* : n'importe, il nous y faut aller tous, c'est d'exemple et de devoir.

Mais, encore une fois, qui nommer? Grande, grandissime question, — peut-être la paix, ou la guerre, le bonheur, ou la ruine de la France au scrutin, — et j'y arrive. Mais avant, verse, maître Pierre, un autre coup de cidre pour me remettre en haleine, car je vais frapper les grands coups.

Savez-vous bien, vous autres, qu'il court de méchants bruits sur votre compte, à la ville, même à la cour, j'entends au petit bout qui en reste?

Je veux croire qu'au fond il ne se passe rien;
Mais enfin on en cause; et cela n'est pas bien.

On dit : ci, ça, que sais-je? que vous préparez quelque sottise, que vous êtes entichés d'un nom que vous prenez pour un homme, et que vous vous entêtez à le vouloir faire Président.... Je ne vous veux pas dire tout crû ce que je pense, et dont j'enrage; voyons : il faut compter avec vous? — Comptons; jouons franc-jeu; cartes sur table, et non au plus fin.

Écoutez, mes amis, mes bons amis, je vous connais, d'ancien déjà, et mieux vous en aime; mais, foin de moi, si je vous flatte, vous cajole, et ne vous dis au contraire, tout du long, quelque bonne vérité, puisque aussi bien l'occasion en passe : le contraire ne m'irait, vous le savez, à vous non plus, et ce nous est profit à tous.

Or sus, souffrez que je le die : Vous êtes rusés, et retorts, et défiants, et soupçonneux en diable, susceptibles même et fiers aussi un bon brin, sans que beaucoup il y paraisse ; je le dis et ne m'en dédis, car c'est vérité. De grâce, alors, expliquez-moi (et ceci touche par plus d'un point à mon sujet) que vous persistiez à dire à tel, ou tel : M. le comte, M. le marquis, quand vous savez, de reste, qu'il n'y en a plus, et ne vous faite faute d'ailleurs de jardiner dans ses bois, et d'aller, au petit jour, attendre ses lièvres pour les assassiner ? Est-ce respect ? Mais vous n'en avez que pour ces bonnes ceintures de cuir gonflées d'écus qu'on entend sonner par les foires ; dépendance ? guère plus ; vous ne défendez fermier, métayer, locataire, que de votre propriétaire, et encore, encore. Quoi donc, alors ? peut-être bien habitude, façon de parler, politesse, mais dont vous vous rembourserez, à coup sûr, tôt ou tard, et avec les intérêts de l'intérêt ; une idée à vous, enfin, comme de consulter la lune à tout bout de champ, de chômer le dimanche pour aller en maraude, de donner sou à sou vos écus péniblement amassés aux héritiers des procureurs pour leur faire rouler carosse, comme (et c'est le cas d'à présent où je reviens), comme de vouloir porter à la présidence quelqu'un du nom de *l'autre* : car vous êtes têtus, mais têtus à épuiser un tableau d'avocats consultants et plaidants, plutôt que de n'obtenir dépens et dommages-intérêts pour

Le foin que peut manger une poule en un jour.

Maintenant que j'y pense, c'est une rude tâche que j'ai entrepris là, de vous tirer de la tête cette grosse monstruosité que vous y avez logée à l'endroit de la présidence. Vous m'écouterez jusqu'au bout, je le sais, même paraîtrez me croire et donner dans mon sens ; et, au moment précis, vous pouvez m'échapper et courir faire à votre tête. Ma foi, je ne veux voir si loin ; ce que je vous en dis, d'ailleurs, c'est pour l'acquit de ma conscience, par amitié pour vous, et, du reste, me lave les mains. Voilà qui est entendu, je continue.

Entre nous, vous avez quelque chose sur le cœur. D'abord, ces malheureux et plus malencontreux quarante-cinq centimes, appoint de la misère, voté et perçu au nom de la fraternité : las ! que voulez-vous? c'est une pitoyable école qu'ils ont fait là, une singulière initiation de vous autres aux principes nouveaux ; et si bons républicains, si honnêtes, quand on y pense, c'est à n'y rien comprendre. Vous gardez rancune encore pour cette pénible langueur venue au commerce comme un coup de sang, et dont si lentement il relève ; et pour tant d'autres choses que vous savez ou qu'on vous souffle, si bien que vous vous croyez en reste avec cette pauvre République, et pensez, pour ce qu'on vous l'a fait accroire, qu'un *chef* ne gâterait rien. Eh bien ! moi, qui suis votre ami, et vous parle de cœur, je dis que c'est selon : un Président, un vrai et bon Président, peut être bien, mais plus qu'un Président, non, non, mille fois non. Faites encore un bout de chemin avec moi, et vous allez voir que nous ne sommes pas loin de nous entendre.

Que vous semblait, dites-moi, du budget d'avant

la révolution? — J'appelle *budget* certain ogre qui toujours prenait et rien ne rendait; — ne vous semble-t-il pas qu'en prenant à tous, sans miséricorde, il aurait dû rendre à tous aussi sans passe-droit? Or, cela le faisait-il? Que s'il écrêmait votre lait et emportait la meilleure de vos gerbes, il aurait dû, pour le moins, développer l'agriculture par l'instruction, les méthodes, les expériences, les encouragement de toute sorte, mais sérieux et efficaces, entendons-nous; et cela encore le faisait-il? — Non, non, tous vous dites non. Eh bien! la République veut précisément commencer par là, et faire de l'ogre du budget, la bourse des pauvres, la Providence de tous.

Que vous semblait aussi de cette manière de dire, à tout le moins une fois l'an, de nos maîtres d'autrefois, du dernier surtout: — La nation veut ceci, la nation ne veut pas cela, la nation file des jours de lait et de miel, la nation s'endort en bénissant son maître, les fils et les filles de son maître, ses ministres et leurs serviteurs, elle s'éveille pour chanter leurs louanges; le peuple par-ci, le peuple par-là?.... Car, ainsi faisaient-ils dire et voter par deux ou trois cent mille des plus à l'aise, que, pour cet objet, ils menaient par brigades dans leurs colléges électoraux ; pendant que vous, moi, tout le monde, la nation enfin, restions dehors à nous morfondre, criant à notre écot qu'ils en avaient menti. Or, ne vous semble-t-il pas que si je suis bon pour payer, encore que ce soit peu de chose, je suis également bon pour savoir ce qu'on veut faire de mon argent, et dire mon mot là-dessus, comme aussi de voir qui en prend le maniement ; et que si je donne au percepteur, je n'entends retourner ma poche dans la rivière, ou me dépouiller, sans plus, au profit d'un voleur ? Le faisait-on ? Vous n'avez garde de dire : oui. Eh bien ! la République le veut faire, elle, et c'est un de ses moindres bienfaits.

J'en aurais pour des jours et des jours rien qu'à passer en revue vos griefs et vos vœux d'avant Février, et dont encore on se rirait, n'était le bon coup d'épaule qu'on vous a donné ce mois-là dans la grand'ville. Vos griefs, la République seule les peut lever, l'un après l'autre, comme aussi satisfaire à tous vos légitimes vœux.

Et vous maugréez contre la République, et tout bas l'accusez, m'a-t-on dit, jusqu'à vous laisser traîner à travailler contre elle, par des suborneurs dont on sait le fin mot, si vous l'ignorez, vous?.. Ah! ça, mais si vous êtes aux regrets et tout de bon vous repentez, dites vîte et que ça finisse, car il n'est, sauf votre respect, pire âne que celui qui tant tourne autour du sceau quand il a soif. Ah! que vous êtes bien les fils de ce *Jacques-Bonhomme* dont j'ai lu quelque part l'*histoire véritable*, pleurant, criant dans sa misère, et mordant ses liens avec rage, ses vieux et durs liens. Que d'aventure, un jour, Dieu l'aidant, il les ait tordus, brisés et jetés au loin; il chante, rit et court ça et là, tout à la joie de son triomphe; puis, l'instant d'après, il s'affaisse, regardant avec effroi son œuvre, et s'en va, triste, abattu, baissant la voix et l'oreille, prier le premier qui passe et se trouve d'un peu d'audace, comme qu'il s'appelle, qu'il l'aide à réparer le dégât et le veuille bien conduire, — jusqu'à ce que lassé, une fois de plus, de peiner sans profit, et d'aller on ne sait où, il soupire après l'air libre et le plein soleil, et recommence à se

2

plaindre et à murmurer, pendant que le nouveau maître dit, comme les autres : *Bonhomme crie, mais Bonhomme paiera.....* Soyez donc, une fois pour toutes, conséquents avec vous-même, et sachez penser et vous conduire comme des hommes. Se peut-il que vous ne voyiez que le moyen, l'unique moyen d'en finir avec les révolutions et leurs suites désastreuses, c'est de vous arranger de façon qu'elles ne soient, dans l'avenir, non plus possibles que nécessaires ? Et ce moyen, vous l'avez, la République, le gouvernement de tous par tous et pour tous.

Mon Dieu ! je sais bien qu'on vous fait peur de ce perpétuel changement des dépositaires du pouvoir, de ces transformations successives des lois et des institutions, qui sont, à proprement parler, l'essence de la République ; qu'on cherche à vous faire entendre qu'aucune chose, en cet état, ne peut trouver à s'asseoir et prendre racine ; mais voilà précisément où l'on vous trompe et vous pousse dans l'erreur ; regardez-y attentivement et y réfléchissez de sang-froid, vous ne tarderez à comprendre qu'ici, comme partout ailleurs, le mouvement c'est la vie, et l'immobilité la mort. Que diriez-vous d'un aveugle qui, d'abord qu'il ouvrirait les yeux, voyant se mouvoir terre et cie autour de lui, les refermerait soudain, se croyant tombé dans le chaos? Nous aussi, sommes des aveugles qui revenons d'une espèce de nuit, relativement parlant, et parce que l'humanité va et vient à grand bruit, fuirons-nous effrayés? Nous sommes encore comme un homme qui assisterait du haut d'une montagne au réveil de la nature : il voit le soleil lever et lutter aussitôt contre les brouillards qui tentent de l'envelopper, les oiseaux funèbres voler au hasard dans l'espace, et les bêtes carnassières rôder autour des bois ; — serait-ce là le jour, dit-il avec découragement? — Mais, qu'il attende une heure encore : le soleil radieux va monter sur l'horizon épuré, l'air, les bois, s'emplissent de ramages délicieux, et les troupeaux paissent en paix dans les champs.

Voilà mille ans passés que nous marchons dans les ténèbres de la nuit, entre mille éceuils, vers ce jour plein et vivifiant qu'attend l'humanité. Nos pères ont longtemps souffert et vaillamment combattu pour en entrevoir l'aurore ; grâce à eux, il fait plus clair déjà et plus chaud autour de nous : le soleil est proche, et cette voie y conduit. Mais, plutôt que de nous quereller et nous battre en chemin, soutenons nous, encourageons nous ; n'injurions ceux qui sont plus avant, ou plus forts, ou mieux approvisionnés ; sommes-nous donc venus jusqu'ici, à travers tant de souffrances et de désespoirs, toujours soutenus par la patience et le courage, ces bons compagnons de l'humanité en marche, pour nous entretuer au port ? Non, non, j'en ai pour garants Dieu et sa justice ; un temps viendra doux et suffisant à tous ; marchons-y d'un pas égal et ferme, sans vain orgueil, sans découragement impie. Vous rencontrerez aucuns crier : — « Courons, courons, le bonheur est derrière cette montagne, ou sur l'autre rive de ce grand lac ; » — ne les suivez pas, ils vous égareraient, et plus d'un est revenu pâle et effrayé. Vous entendrez d'autres qui disent : — « Arrêtons-nous et demeurons ici ; que saurait-il y avoir plus loin que fatigue nouvelle et déception ? » et qui, ce disant, s'arrêtent, et ayant étalé leurs provisions abondantes et choisies, mangent et se réjouissent : ne les écoutez non plus que les autres, ce sont *satisfaits* qui, eux repus, croient tout le monde à l'aise. Pour vous, suivez votre chemin, ce chemin ouvert par vos pères et taché de leurs sueurs et de leur sang ; allons-y jusqu'où nous pourront mener nos forces, jusqu'à ce que nos fils nous viennent relever en ce noble et pénible labeur.

Aimez donc la République, mes amis, pour ce qu'elle veut faire et fera, soyez-en sûrs, si peu que vous l'y aidiez; elle, nous aime également tous; à notre tour aimons-là, comme il lui convient, avec des cœurs libres et fraternels, soutenons-là dans sa mission divine et ne lui donnons que des auxiliaires pénétrés de son esprit, des hommes justes et forts, comme Dieu, père de tous.

Voici, si je ne m'abuse, un bon pas de fait, et largement déblayés les abords de cette question ardue de la présidence ; venons au Président maintenant, et me prêtez toute votre attention.

Je disais donc qu'on causait de vous et beaucoup, qu'on vous reprochait de vouloir tout gâter, tout compromettre ; bref, on vous accuse d'en tenir pour *M. Louis.* C'est qu'il se dit aussi d'étranges choses dans les bourgs, les villages, les hameaux, dans les plus pauvres chaumières. Il n'est pas jusqu'au vieux Simon, notre voisin, qui n'ameute le monde, sur la place, le dimanche, et crie, en secouant en l'air le bras qui lui reste, que l'empereur est revenu, son fils tout au moins, et qu'il s'en va passer en revue les vieux de la vielle garde ; et le bonhomme, croyez-vous pas qu'il ait plus d'un compère qui enchérit encore sur ses billevesées ? Allez, mes amis, l'empereur est mort, son fils est mort, et d'eux rien ne survit qu'un sépulcre déjà trop vaste pour leurs cendres, un grand nom dans la mémoire des hommes, et un neveu, votre homme, qui leur ferait pitié, s'ils le pouvaient voir.

Pourtant, on dit que dans ce jeune homme vous croyez retrouver l'Empire, sa gloire, sa force, sa prospérité, et que pour cela justement tant y tenez. Soit : discutons maintenant.

La gloire de l'Empire ! qui la conteste, et nous fallait-il M. Louis pour nous y faire penser ? La gloire de l'empire, après la liberté, c'est le plus beau legs de nos pères ; mais c'est à nous, à nous seuls, citoyens de la grande nation, qu'ils l'ont fait ce legs, et non à un pygmée qui se croit de la taille de l'empereur pour un peu de sang qu'il en a. Mais enfin, puisqu'il vous convient de parler de la gloire de l'Empire et d'en faire un titre à M. Louis, voudriez-vous, si pareille époque était deux fois possible, recommencer à courir l'Europe, douze autres années, faisant et défaisant des rois au profit d'une famille, conquérant de riches prébendes pour de nouveaux annoblis, et jonchant partout la terre des millions de cadavres de vos enfants, les plus beaux, les plus braves ; tant et si bien, qu'un autre jour, tomberaient sur les bras blessés de la patrie les despotes coalisés et leurs hordes barbares ? — Le voulez-vous ? — Non, et voici que vos yeux se mouillent à ces ressouvenirs douloureux.

La force de l'Empire, dites-vous ? Hélas ! pourquoi rappeler toujours cette cause fatale de nos désastres, cette source de toutes les oppressions qui ont suivi ? On ne sait donc plus que celui qui avait ravies à la nation toutes ses forces vives pour en faire la force d'un règne, d'une dynastie, quand il disparut dans une tempête, laissa cette nation si épuisée, si bien garrottée dans les liens dorés dont il l'avait couverte, qu'on la pût faire passer sans coup férir sous le joug d'autres despotes ? — Pourtant, en voulez-vous ? Il se peut alors qu'on jette la représentation nationale par les fenêtres, qu'on étouffe la pensée, la liberté, car ainsi commença cette force dont on parle. Comme ça, peu vous importerait que le maire de votre commune mît le conseil municipal à la porte de la maison d'école, et, s'érigeant en maître, classât et déclassât les chemins, à sa convenance, rompant celui-ci, vous faisant corvéer sur celui-là, et requit des centimes additionnels à son profit ? — Non, dites-vous ? — C'est pourtant tout un. Laissons donc là la force de l'Empire, et plutôt prions Dieu qu'il nous en garde.

La prospérité de l'Empire ! c'est là, je le sais, que vous m'attendez de pied ferme, car, ce mot, pour vous, s'entend de préférence dans l'honnêteté relative de l'impôt à cette époque. Six cents et quelques millions pendant les grandes guerres, et tout près d'un milliard dans la pleine paix de ces années dernières, c'est juste deux bons tiers en sus (les chiffres sont des tyrans aussi quand ils s'alignent), et il n'y a profit pour nous à la paix, d'accord, et pour cela ne me dédirais-je. Que l'Empire administrât mieux que défunte royauté, facilement, j'en conviens, encore que ça ne prouve guère. De temps en temps aussi on mettait quelque bonne taxe sur les voisins, les chargeant avec ça de nourrir et loger nos soldats; médiocre allégement à nos tailles, en retour duquel la France fut trois ans à sac, et dût compter un gros milliard aux émigrés. De ce moment, voyez-vous, tout s'en va de mal en pis dans les finances. On prend, on pille, on rançonne, c'est la guerre aux écus; on les chasse, pourchasse sans pitié, ni merci; impôts directs et indirects (cette gentille invention de l'Empire), ordinaires et extraordinaires, décime de guerre et centimes additionnels sur les fuyards, pleuvent de tous côtés. Le budget est devenu panier percé, tonneau de Danaïde, coupe-gorge; plus il boit, plus il veut à boire, et chaque année le parlement, son serviteur ou son compère, élargit sa mesure qu'il lui faut pleine, sans moins. Un espoir restait : peut être qu'il en crèvera, pensait-on; non, jour-de-Dieu! l'ogre avec ça faisait des dettes, et l'on vient de nous en remettre un bordereau de quatre cents millions.... Hélas! hélas! mes pauvres amis, c'est-à-dire, quatre cents fois plus que la valeur du terrain qu'avec vos bonnes jambes de montagnards vous pourriez tenir d'un soleil à l'autre; plus, beaucoup plus, hélas! que vos deux meilleurs bœufs ne pourraient voiturer de Noël à la St-Sylvestre.

Voilà où nous ont menés des gens (je demande à Dieu la patience pour m'exprimer un peu chrétiennement sur leur compte), des Pandours, des Cosaques de Français qui se fâchent et menacent, à présent que nous leur avons tiré notre bourse des doigts. Croiriez-vous vraiment, que celui que vous savez bien, s'en va solder ce compte et vous en bailler quittance, comme on vous dit à l'oreille? — Mais, le voulût-il, il ne pourrait, n'étant riche à si grosse somme, tant s'en faut ; et s'il le pouvait, le voudrait-il? Car vous savez, de reste, qu'on ne livre qu'avec retour : et tremblez, croyez-moi, pour quel retour qu'on y mettrait. — Mais, direz-vous, peut-être qu'il prendrait moins cher pour tenir le timon de ce char criard qu'on nomme l'Etat. Je ne sais; et quand il vous abandonnerait bien, chaque année, les cinq ou six cent mille francs que lui promet la constitution, voilà-t-il pas une grosse affaire, là où l'on compte par millions de millions. Que diriez-vous, par hasard, d'un valet de charrue qui, s'offrant à vous, ne voudrait gage, étrenne, ni pour-boire à la Saint-Martin? Vous croiriez qu'il vous veut humilier, voler même; ouais! diriez-vous, foin de toi, l'ami, nous payons, nous, qui nous sert, va-t-en chercher ailleurs. Eh bien! dites de même à ceux qui vous font de ces contes.

Pour Dieu! ne parlons donc plus de votre M. Louis à propos de l'Empire; l'Empire est mort, et malheur à qui le voudrait ressusciter. Quand j'y pense, j'en veux particulièrement à deux sortes de gens, qui, depuis tantôt quarante ans, fourvoient l'esprit public et nous gâtent le sens commun, avec leurs complaintes et leurs figurines de plâtre. Que ne vous chantaient-ils plutôt, pour prix de la couchée, la liberté ! la liberté sortie toute vive des entrailles de la Bastille, et s'en allant par les campagnes de France affranchir vos pères ! la sainte liberté, que l'Empire tenta en vain d'étouffer sous la gloire ! Que n'exposaient-ils, à votre admiration naïve et vivace, le buste sévère du général Bonaparte menant les armées de la République à la propagande de la liberté ? Voilà sa première, sa vraie gloire ; et il le sentait bien ainsi, quand repassant en souvenir, dans son lugubre Sainte-Hélène, cette épopée de l'Empire où les douleurs s'égalent aux triomphes, pensant à cette France dont il s'était fait le monarque fatal, lui qui pouvait être son plus grand citoyen ; il détourna tout-à-coup ses yeux pleins de larmes amères, demandant à l'avenir de l'absoudre de son passé ; et l'avenir, s'entrouvrant à ce repentir magnanime, lui laissa voir la République qui s'avançait, plus belle et plus forte qu'il l'avait jamais vue. Va, repose en paix dans la tombe que t'a donné la patrie, toi, le premier et le dernier de ta race ; car ce n'est pas toi qui prêterais ton nom aux ennemis de la liberté, et les cacherais sous les lambeaux de ta gloire ! Respectueux et fier devant les craintes légitimes de la République, tu t'en irais plutôt, comme un héros antique, te remettre aux mains de tes geôliers Anglais !

Oui, mes amis, s'il est dans l'Empereur quelque chose qui le puisse disputer en grandeur à son ambition, c'est son âme ; quant le sort l'eût dévêtue d'une pourpre de hasard, elle reparut aussi républicaine, aussi éprise de liberté et d'égalité qu'au temps glorieux de sa jeunesse. Mais, votre M. Louis? qu'il soit parent de Napoléon, je ne dis pas, je le crois très fort son neveu au contraire ; de Bonaparte? — Jamais !

— Là, là, maître Jacques, voyons, remettez-vous un peu ; que diable ! on n'a besoin, pour s'entendre, de prendre les choses si à cœur. Vous nous vouliez conseiller sur les élections à la présidence, et vous vous emportez contre l'Empire et ces pauvres reliques que nous en gardons. A qui le dites-vous, et croyez-vous que nous le voulions voir revenir ? Allez, maître Jacques, nous n'avons oublié que de ce temps on nous menait, comme devant, comme depuis, un peu moins bien que nous méritérions vraiment ; et que la gloire nous coûtât cher, surtout à nous, qui la payâmes de notre sang et du sang des nôtres. Mais on nous l'a tant fait expier cette pauvre chère gloire, tant ravalée, nous laissant humilier par le premier roitelet qui s'en trouvait d'humeur, et montrer au doigt dans tout l'univers, que nous aimons à y revivre par la pensée et lui gardons bon souvenir : voilà tout.

— Mais, mes amis.....

— Permettez, Maître Jacques, vous nous croyez aussi par trop ignorants de toute chose. Toujours à propos de la Présidence, vous nous faites un long discours sur l'excellence de la République ; mais, qui donc croyez-vous prêcher, encore une fois? Nous ne lisons dans les livres, c'est vrai, et n'en savons que ce qu'on nous rapporte ; mais, faut-il être si savant pour comprendre que le gouvernement de tous par tous et pour tous, la République, puisqu'ainsi s'appelle-t-il, est le meilleur des gouvernements? Eh bien! qu'on ose y toucher à ce gouvernement-là, empereur ou roi, n'importe, et vous verrez ce que savent faire les fils des soldats de la Révolution et de l'Empire, les paysans.

Comme vous nous dites encore, qu'on doit quatre cents millions, sans compter le courant ; nous ne savions vraiment que ce fut si grosse somme, mais tant grosse soit-elle, nous saurons la payer et nous saigner, s'il le faut, pour acquitter jusqu'au dernier sou : mais aller tendre la main à M. Louis, ou à tout autre, vous moquez-vous, Maître Jacques ?

— Mes amis, je ne dis pas cela, je vous connais.....

— Non, maître Jacques, ça nous chiffonne, à la fin, que tant vous tourniez autour du pot avant que d'y porter les doigts. Vous ne voulez pas que nous votions pour M. Louis ? Eh bien ! pourquoi ne nous point dire franchement, à cœur ouvert, ce que vous en pensez ? On dirait que vous n'osez ; c'est donc que vous savez bien, sans nous le vouloir avouer, que ce que chacun nous dit de lui est vrai : qu'il est bon Républicain et ancien déjà, autant que les meilleurs et les plus vieux ; qu'il travaille à l'Assemblée, comme pas un, et savant avec ça, qu'on n'a jamais trouvé son maître.

— Soit, mes amis, brisons là, si vous aimez

mieux, aussi bien je vous veux conter une petite histoire.

Il y a des années, déjà, que vivait, dans un canton de la Suisse, un jeune Français jeté hors de son pays par une catastrophe qui avait enveloppé sa famille et bien d'autres. Cet exilé, gonflé de l'orgeuil de son nom, aimait à s'entendre traiter de *prince* et d'*altesse*, bâtissant d'ailleurs force châteaux en Espagne. Souvent, il regardait du côté de la France qu'il appelait son héritage, méditant d'y faire revivre, pour son compte, les pompes de l'Empire et sa domination. C'était du temps que nous subissions *la meilleure des Républiques*, voilà de çà huit ans, presque jour pour jour : L'*altesse* entre un matin dans Strasbourg, criant que le roi-citoyen vient de passer de vie à trépas, et qu'il est, lui, l'*Empereur*, maître de céans, et *vive l'Empereur !* L'aigle s'en allait voler de clochers en clochers, quand tout-à-coup on vous l'arrête (le prince), le mène à Paris sans débrider, l'y donne juste le temps d'écrire au vieux compère qu'il avait voulu faire passer pour mort, une bonne lettre bien publique d'excuses et de congratulation; finalement, on vous le transporte en Amérique.

— Suivez-vous bien le fil de cette histoire, mes amis?

— Oui, maître-Jacques; mais qui donc était cet homme qui pouvait passer à travers un réseau de lois si dures pour les Républicains et les ouvriers affamés d'alors?

— Bonnes gens que vous êtes, mais je vous ai prévenus que c'était un prince.

Mon prince donc était aux États-Unis d'Amérique, mauvais pays pour les altesses; toujours pensant à la France, son empire, comme il disait, et qu'il n'avait fait que traverser en chaise de poste sous escorte de l'autorité. Bref, il en sort incognito, et revient en Angleterre, cette voisine fâcheuse qui n'envoie à nos côtes ni bons vents, ni bonnes gens, comme vous allez voir. En effet, un beau jour, en plein midi, Boulogne s'emplit tout-à-coup de bruit de canons et de caissons qui roulent, et de soldats courant çà et là, en tumulte, au rappel du tambour. — Qu'est-ce? qu'arrive-t-il? — L'Anglais aurait-il débarqué? — Non, dit un gardien du port à un bon bourgeois pâle de peur : c'est ce petit prince, vous savez? celui de Strasbourg, qui, sur la grande place, s'est mis à crier : *Vive l'Empereur!* Voici l'Empereur, en agitant son petit chapeau au bout d'une épée ; ensuite, il a tiré un coup de pistolet à un grenadier qui, plutôt que de lui présenter les armes, croisait sa baïonnette contre lui, mais il a manqué le soldat et blessé un officier qui accourait par derrière; alors on l'a arrêté, et voilà tout. — Mais, mon ami, disait le bon bourgeois, êtes-vous bien sûr au moins qu'il n'a pas une armée avec lui? — Certainement que j'en suis sûr, puisque j'étais sur la place; j'ai bien vu quelques soldats qui le suivaient, mais on a dit que c'étaient des soldats déguisés, et un pauvre aigle qu'ils venaient de lâcher, le croyant faire voler par la ville, et qui ne savait où donner de la tête; mais en moins de rien on a tout ramassé, aigle, prince et les faux soldats, même que je me suis dit comme ça que si le gouvernement n'a d'ennemis que de cette force-là, il peut bien dormir tranquille.

— Est-il possible, maître Jacques, que ce soit

le même, qui, arrêté dans Strasbourg, s'était excusé et repenti ? Il est fou, alors.

— Oui, fou de régner.

— Et, cette fois, qu'en fit-on ?

— Ma foi, une assemblée de médecins l'ayant tout d'une voix déclaré atteint, au dernier chef, de la manie de régenter la France, on l'enferma dans un château-fort, comme incurable. Mais, il y a quelques temps, il parvînt à s'évader et repassa en Angleterre.

— Et on l'y tolère ?

On fit bien mieux que l'y tolérer, on l'y choyait, caressait, encourageait, et quel meilleur embarras pour nous, je vous demande ? Lui, de son côté, rendait au gouvernement de ces bons insulaires tous les petits services qu'il pouvait trouver. Un exemple : Pendant qu'on était en train de ce côté-ci de balayer les décombres d'un trône et d'essayer quelques réformes, de l'autre côté de la Manche, les *Chartistes*, de braves gens, une espèce de Républicains de ce pays-là, qui se promènent des multitudes à la file, en criant contre les abus, sans leur tirer jamais un coup de fusil dessus ; les *Char-*

tistes, dis-je, se mirent à faire, tous les jours que le bon Dieu amenait, des processions dont on ne voyait plus le bout, tant qu'à la fin des fins, la police, fatiguée de ce manége, et n'en pouvant plus, fit demander du renfort aux meilleurs gentilshommes de la cité. Aussitôt mon altesse de courir au secours avec bon nombre d'honnêtes seigneurs, de s'armer en hâte du bâton d'un sergent de ville qui était sur les dents, et de frapper avec tous les autres, si dru, sur les pauvres processionneurs, qu'oncques on ne les revît à la file.

— Quel homme! maître Jacques, quel homme, de toucher comme ça sur un pauvre peuple sans défense qui demande un peu de justice. C'est donc au bâton qu'il nous voulait mener, nous autres?

— Que voulez-vous qu'on dise? Tout ce qu'on sait de son amour pour le peuple, c'est qu'il a positivement dit et écrit que les faubourgs de Paris débordaient de fange révolutionnaire, et qu'il serait marri qu'on les pût croire de compte à demi avec eux, oui, avec ces faubourgs qui pouvaient sauver, peut être, la France de la honte et des malheurs de l'invasion, si on leur eût donné les armes qu'ils demandaient.

— Mais, le nom de cet homme?

— Attendez, je n'ai tout dit encore. On a tant fait des pieds et des mains par ici, qu'on l'est allé chercher en Angleterre pour le faire représentant du peuple, la plus haute, la plus sainte des fonctions pour qui la sait comprendre. Eh bien! que croyez-vous qu'il fasse à l'Assemblée nationale? A peu près ce que vous et moi y pouvons faire, qui n'en sommes. Quand on doit parler de lui, comme c'est assez l'usage, car il y a beaucoup à en dire, il s'absente; quand on discute quelque point chatouilleux, il s'en va. Un jour, pourtant, il manqua d'être assez leste. On tenait sur le tapis la question du remplacement militaire. Les uns disaient: Oui, il le faut conserver; et les autres disaient: Non; c'est une iniquité que ceux-là qui ont déjà toutes leurs aises, se puissent dispenser de souffrir un peu, et de payer de leur sang pour la patrie, en mettant pour quelques écus toute la charge sur les pauvres gens. Déjà il prenait son chapeau pour partir, quand l'huissier de service, qui l'épiait, soudain lui présente la boîte aux boules. — Pour lequel vote votre altesse : le oui ou non ? — Pour oui, les choses sont bien comme elles sont. Mais, depuis, on ne l'y reprit plus. Un autre jour, quelqu'un s'en va à la tribune, demandant à dire deux mots au prince. — Point de prince ; on cherche, on appelle, rien ; où donc est-il ? — Où donc est notre prince ? dit le président. — Sans doute à ses affaires, dit l'un ; — ou chez quelqu'un des avocats de M. *Cassette*, le plus honnête homme de France en Angleterre ; — peut être bien en tête-à-tête avec le conseil de M. *Miracle*. — C'est assez, dit l'Assemblée ; à quoi bon le demander toujours, puisqu'il ne vient jamais ?

— Et vous dites, maître Jacques, qu'il est représentant du peuple ?

— Mon Dieu, oui, ni plus ni moins, encore qu'il trouve que ce n'est guère.

— Son nom ? son nom ?

— Patience donc, j'en ai pour une minute au plus à finir.

Depuis qu'il est question de Présidence, même avant, on voit toutes sortes de gens, aller, venir dans Paris et ailleurs, criant : Le prince ! le prince veut sauver la patrie, il accepte la Présidence ; il pourrait être mieux que cela s'il voulait, puisqu'aussi bien c'est son droit d'être Empereur, mais il se contente d'être Président ; oui, il s'en contente, nommez donc le prince, nommons le prince. Autre part, on crie : Qui veut acheter les jolis petits livres que *son altesse* a composés sur les douceurs comparées du sucre de bette et du sucre de canne ? — Qui veut le portrait de *son altesse*, et des médailles à son effigie, qui en veut pour rien ? Le prince ! le prince ! vive le prince ! Et ça s'écrit, se placarde, s'imprime dans un tas de grands journaux, et se colporte de village en village. Lui, de son côté, laisse dire et faire, et même faut-il croire qu'il y pousse un peu, car on le voit, du matin au soir, affable à tous et à chacun, prenant de ceux-ci, quoiqu'ils aient jadis chassé, lui, les siens, et traîné son nom dans la boue ; de ceux-là encore qu'ils lui aient fait jouer à sa sortie de Strasbourg un rôle ridicule, et l'aient soumis après Boulogne au régime sanitaire d'une prison d'Etat. Aucuns s'en scandalisent et l'accusent à ce propos, — comme si c'était, dit-il avec héroïsme, au candidat à la Présidence à venger les injures de l'*altesse*. Il faut convenir aussi qu'il se trouve des esprits bien simples, et peu faits pour comprendre la haute politique. Voyez même jusqu'où peut pousser la prévention. Dernièrement, quelqu'un de ma connaissance, le meilleur homme du monde, s'il n'était si Républicain, m'aborde et me dit brusquement : « Il manque, mon cher, un apologue à Lafontaine, un chef-d'œuvre s'il l'eût pu traiter en vers ; en voici la mauvaise prose. Un taureau magnifique paissait dans la plaine, cependant qu'au bois prochain trois loups délibéraient à son sujet ; leur plan arrêté et les conventions faites, Dieu sait quelles, l'un s'alla poster au passage, les autres devant, l'ayant tourné à droite et à gauche, lui donner la chasse dans cette direction. Le taureau les voit faire et seulement ne bouge, plein qu'il est d'une confiance téméraire dans sa corne acérée, dans son pied agile et sûr...... Que croyez-vous qu'il lui puisse advenir ! »

— Moi ? mon cher, lui répondis-je, je crois seulement que vous faites erreur quand vous dites que le grand fabuliste a manqué de traiter ce sujet ; car, si je me rappelle bien, il a dit quelque part :

.... la défiance
Est mère de sûreté.

— Mais son nom ! maître Jacques ; le nom de cet homme ?

— Son nom ?..... Mais nous n'avons parlé que de lui tout le soir ; — il se nomme *M. Louis.*

Je vous quitte, mes amis, car déjà la lune est haut, et le feu s'en va mourant ; allons, un dernier verre de cidre, et buvons à la République, à sa prospérité, à sa gloire. Au revoir, mes amis.

— Eh ! maître Jacques, mais attendez donc ; et pour qui voter maintenant ?

— Demain, mes amis, demain ; il y aura matière à défrayer une autre veillée.

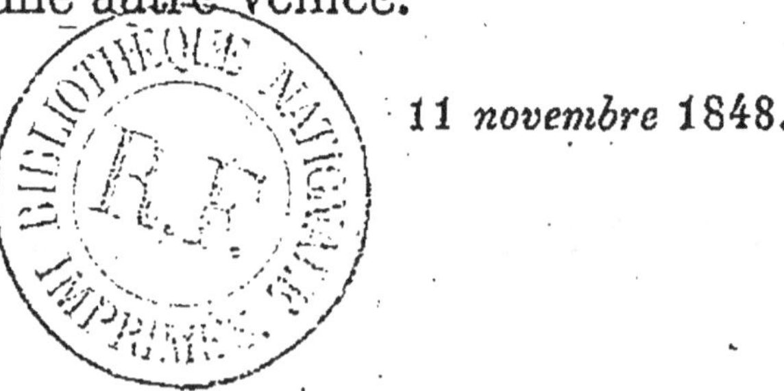

11 *novembre* 1848.

Autun. — Imprimerie Cocardon et Naissant.

www.ingramcontent.com/pod-product-compliance
Lightning Source LLC
LaVergne TN
LVHW020244230826
846091LV00006B/2238

9782011782700